Enchantimals™

¡BIENVENIDA A CASA!

Beascoa

Título original: *Finding Home*
Primera edición: marzo de 2018

Basado en el guión escrito por Douglas Wood

Penguin Random House Grupo Editorial, S.A.U.
Travessera de Gràcia, 47-49. 08021 Barcelona

Printed in Spain – Impreso en España

ISBN: 978-84-488-5023-4
Depósito legal: B-26538-2017

Impreso en Gráficas 94, S.L.
Sant Quirze del Vallès (Barcelona)

BE 5 0 2 3 4

Penguin
Random House
Grupo Editorial

CAPÍTULO 1

SORPRESAS JUGANDO AL ESCONDITE

Era casi primavera y las chicas estaban jugando al escondite.

Las escurridizas orejas de Bree aparecieron de detrás de un arbusto. Se crisparon y se movieron.

Estaba escuchando algo. Estaba tan concentrada que no vio la cola roja tupida acercándose cada vez más.

–¡Te tengo!– exclamó.

¡Felicity había encontrado a su amiga Bree!

Bree rió mientras daba un saltito hacia ella.

Se sacó una hoja de su cabello largo y rosado.

–Eres la mejor jugando al escondite –le dijo a Felicity–. ¡No puedo creer que me hayas encontrado tan rápido!

–Gracias, Bree –dijo Felicity–. Pero solo te he encontrado a ti, hasta ahora. ¿Quieres ayudarme a encontrar a las demás?

–¿A un conejito le gustan las zanahorias? –sonrió Bree.

Al lado de Bree, Twist la conejita dio un mordisco a una zanahoria.

–¡Uh-huh!– asintió.

Golpeó sus patas contra el suelo contenta y comenzó a bailar con Bree. Tenían una conexión especial con sus mejores amigos. Había cosas sobre cada uno de ellos que solo los Enchantimals podían entender… y cada par tenían sus propios bailes y saludos.

–Vamos –llamó Felicity– Flick y los demás deben estar por aquí escondidos.

Se adentraron más en el bosque buscando a sus

amigos y amigas. Mientras tanto, Flick aun no había encontrado un lugar para esconderse. Flick era la mejor amiga de Felicity, y sabía que tenía que encontrar un buen escondite para ganar a Felicity. Intentó meterse en un tronco hueco, pero su cola peluda se le atascó. Se percató de que una mariposa estaba mirándola.

–¡Shhh!– susurró Flick, y correteó a una roca y se agachó detrás de ella.

Pero sus orejitas rojas se asomaban por encima de la roca. La mariposa revoloteó hacia ella.

–¡Hrumph! ¡Voo zoo tuu!

¿A dónde podría ir? Observó alrededor, por el bosque. Miró hacia los árboles. Luego miró hacia el suelo. ¡Qué gran idea! Comenzó a cavar un agujero con sus patas delanteras lo más rápido que pudo. Se metió dentro y puso algunas hojas en la parte superior. ¡Perfecto! Nadie se daría cuenta de que estaba allí, pensó. Pero el viento estaba arreciando, soplaba. Las hojas se fueron volando hacia los árboles. Ahora todos la podrían ver.

Flick gruñó. ¿Qué podía hacer? Una enorme hoja se posó en su cara y quedó pegada a sus bigotes. Flick se la despegó. No se parecía a ninguna hoja que hubiera visto antes en Wonderwood. Era de color verde y morado. En su centro había una mancha negra que brillaba a la luz del sol. Eso no era una hoja para nada, se dio cuenta Flick.

Era una pluma. Pero, ¿qué clase de pájaro tenía plumas como esa?

–¡Uauu! –excalmó Flick–.

Quería enseñársela a sus amigas, especialmente a su mejor amiga, Felicity. ¿Dónde estaban todos? Olvidándose de encontrar el escondite perfecto, Flick decidió que ya era hora de ponerse a buscar. ¡Y eso se convirtió en un juego muy diferente!

CAPÍTULO 2

DESCUBRIENDO SECRETOS

Felicity se estaba guiando por su nariz. Olfateó con cuidado.

–Creo que estamos cerca del escondite de Sage –les susurró a Bree y Twist.

–Sí –asintió Bree–. Puedo oler su perfume. Su pequeña nariz se movió, el aroma especial de mofeta flotaba en el aire. La conejita Twist tosió. ¡Ese aroma era muy fuerte!

–¡Uf!–. Bree tuvo que taparse la nariz. Felicity se coló en un árbol frondoso y arrancó una rama donde el aroma era más fuerte. Pero no se trataba de Sage: encontró a Danessa. Los ojos de Danessa estaban cerrados.

–No te muevas –le susurró a su mejor amigo, Sprint el ciervo.

–Creo que nuestro camuflaje está funcionando. . .

Pero no era así. Danessa sacudió su cornamenta cuando se dio cuenta de que había sido descubierta. Sprint la acarició con el hocico.

–Tenemos que esforzarnos más en el juego del escondite –dijo Danessa a Sprint.

Se tocaron con sus cuernos. Era su saludo especial. Bree estaba confundida.

–¿Por qué oléis como mofetas? Vosotros no lleváis perfume –dijo ella.

Felicity estaba mirando a las sombras.

–Esas mofetas deben estar por aquí, en algun lado.

–No, no estamos– dijo una voz.

Felicity se rió.

–¡Hola, Sage! ¡Acabas de delatarte!

Pero, ¿dónde estaba la otra mofeta? ¡Felicity aún no podía verla!

–¡Ja,ja! ¡Te tengo!

Sage se rió y bajó de la rama donde estaba. Cuando aterrizó, levantó un frasco de aroma y lo roció en el aire.

–Otra de tus prácticas y locas bromas, –dijo Felicity sonriendo.

–¡Qué va! –dijo Sage negando con la cabeza, con su cola de caballo blanco y negro rebotando sobre su hombro–. ¡Solo un buen truco para jugar al escondite!

–Está bien –dijo Bree– ¿quién queda por encontrar?

–Bueno, todavía no hemos encontrado a Caper –apuntó Sage. Caper era su mejor amiga.

–Ni a Flick –agregó Danessa–. Espero que tengamos buena suerte en la búsqueda.

En ese momento, Flick vino corriendo hacia donde se encontraba el grupo. Llevaba una extraña pluma en la boca.

–Flick, ¿por qué no te escondes?– preguntó Felicity.

Flick corrió a los brazos de Felicity. Su pelaje y el cabello de Felicity eran exactamente del mismo tono naranja.

–Oodah, doodah ¡ta!– Flick empezó a parlotear, enseñaba a las demás lo que había encontrado.

–¡Guau! –Felicity estaba emocionada–.
Una ráfaga de viento se llevó la pluma de las patas de Flick. La pluma serpenteaba en el viento, brillando. Como volvió flotando suavemente hacia abajo, Danessa la atrapó.

–Es una pluma –dijo–. Pero no es como ninguna de las plumas que haya visto antes, ¡me pregunto a quién pertenece!

–¿Quieres enseñarnos dónde la encontraste, Flick? –preguntó Felicity.
Pero Flick había tenido tanta prisa por encontrar a sus amigas que no podía recordar de dónde venía. Buscó el rastro a un lado y a otro. Finalmente, se encogió de hombros en tono de disculpa. Entonces fue cuando la zorrita vio a la mariposa.

–¡Ella!– exclamó Flick, señalándola.
La mariposa bailó alrededor de las chicas antes de llevarlas hacia lo más profundo del bosque. Por fin llegaron a un claro, y Flick descubrió el agujero que había cavado.

–¡Este es el lugar!– anunció Flick.

–Genial –respondió Felicity–. Empecemos a buscar. Enchantimals, mirad por todas partes.
Todas se dispersaron, pero Bree se distrajo con un montón de hojas. Las amigas saltaban juguetonamente arriba y abajo cuando Twist vio otra pluma verde y púrpura brillando tenuemente en un cercano montón de hojas. Extendió la mano y la cogió.

–¡Eeeeawwwkkk!– graznó una voz.
Un pequeño pavo real emergió frotándose la espalda. ¡Alguien acababa de arrancarle una de sus plumas de la cola!

–Perdón–, se disculpó Twist.
¿Quién era ese extraño pájaro? Twist nunca había visto uno así en todo Wonderwood.

CAPÍTULO 3

PÁJAROS DE BONITAS PLUMAS

Una hermosa chica de brillante cabello de color púrpura y alas azules corrió desde los árboles hasta el claro.

–¿Estás bien, Flap?– le preguntó a su mejor amigo. Un momento después se dio cuenta de que un grupo de chicas y sus animales la miraban fijamente.

–¡Oh! –exclamó sorprendida.

–¡Hola! –Twist le ofreció la pluma con aspecto un poco avergonzado.

–No te preocupes. Puedes quedártela– dijo la chica recién llegada. Flap tiene muchas más.

–Gracias– dijo dulcemente Bree.

–Puedes ponértela en los cabellos y tendrás un extra de encanto –dijo la chica, tomando la pluma de Twist y prendiéndola a los cabellos de Bree. Sage se roció con una nueva dosis de perfume y dio un paso adelante.

–Hola, me llamo Sage –dijo con una sonrisa–. ¿Vives por aquí?

La chica nueva negó con la cabeza.

–No, y sinceramente, ni siquiera sé dónde estamos. Venimos de Junglewood. Ahí es donde vivimos. Bueno, vivíamos.

Se le cambió la cara. Parecía muy triste.

–¿No está en el otro extremo de Everwilde? –preguntó Felicity.

–Sí, un lugar agradable y cálido –dijo la chica–. Pero hubo una gran tormenta de viento y un árbol cayó en nuestra casa y fuimos barridos por el arroyo Babbling y terminamos aquí abajo y. . .

Miró a su alrededor.

–Ni siquiera sé muy bien dónde estamos

o si estamos yendo en la dirección correcta para volver a casa y estoy hablando muy rápido, ¿no? Me convierto en una pequeña parlanchina cuando estoy nerviosa. Y me parece que ahora estoy nerviosa porque no conozco a ninguna de vosotras, pero a veces, ponerme a cantar me ayuda a calmarme así que si no os importa…

Las amigas observaron con los ojos abiertos como la chica empezaba a graznar. Su mejor amigo, el pavo real, se tapó los oídos.

–¡La-la-la-la-la!– gritaba.

Su voz sonaba terriblemente desafinada pero eso no la detuvo. Cantó alto y durante mucho rato hasta que se le acabaron las fuerzas.

–Ah –suspiró por fin–. Mucho mejor.

Nadie sabía qué decir. Felicity quería que se sintiera bienvenida. Así que dio un paso adelante y se presentó con una cálida sonrisa.

–¡Flick! –añadió su mejor amiga.

–¡Me llamo Danessa!

Todas las chicas y sus mejores amigas y amigos se presentaron a la chica nueva, que estaba un poco nerviosa, para intentar hacer que se sientiera más cómoda.

Ella sonrió.

–Encantada de conoceros. Nunca habíamos estado en este bosque. Solo en los de Junglewood. Soy Patter y este es mi mejor amigo, Flap.

Flap se escondió tímidamente detrás de las piernas de Patter, que lo rodeó con un brazo.

–Aun está bastante bastante nervioso por

habernos tenido que ir de Junglewood –explicó ella.

–Puedo ver por qué –dijo Bree amablemente.

–Un árbol os cayó en la casa.

Sage asintió.

–Y fuisteis barridos por el arroyo Babbling. No hay nada peor que eso.

Danessa estuvo de acuerdo.

Flap se estremeció ante el recuerdo. Se aferró a la pierna de Patter.

–Estamos contentas de que ambos hayáis terminado aquí en Wonderwood –les dijo Felicity.

–Es un lugar divertido de verdad y boscoso –añadió Sage.

–Allí está el centro del pueblo –dijo Bree señalando– y allá está el lugar donde vivimos.

–¿Por qué no os lo enseñamos? –sugirió Felicity a Patter.

Patter parecía insegura.

–No sé –dijo.

–Estarás agotada –dijo Danessa que se había dado cuenta–. Wonderwood es el lugar perfecto

para recuperar el aliento mientras piensas qué hacer a continuación.

–No es una mala idea. Estamos bastante cansados. ¿Qué opinas, Flap?

El pavo real estaba muy fatigado. Sus ojos azules parecían inseguros. Negó con la cabeza.

Patter se inclinó para hablar con él.

–Estos Enchantimals del bosque parecen agradables –le dijo a su mejor amigo–. Además, nunca hemos estado en ningún sitio fuera de

Junglewood. Podría ser divertido.
Flap sabía que todos lo estaban mirando.

–Vale, vale –dijo finalmente.

–¡Genial! –exclamó Patter.

Danessa estaba emocionada por guiar a la chica nueva.

–¡Venga, Sprint! ¡Vamos a mostrarles el camino!

Y salió corriendo por los árboles.

–¡Vaya! Desde luego es muy rápida –dijo Patter impresionada–. ¿Qué clase de animal es?

–Un gamo –dijo Sage.

–Un ciervo –explicó Bree.

–Una cierva –agregó Felicity.

–¡Guau! –dijo efusivamente Patter.

Sus nuevas amigas y amigos parecían maravillosos.
Estaba impaciente por saber más sobre todos ellos.
Estaba tan emocionada que no se dio cuenta de lo triste que estaba Flap.
Arrastraba las plumas por el suelo mientras seguía a las chicas y a sus mejores amigos hasta el pueblo.

CAPÍTULO 4

UN POCO DE TRABAJO EN EQUIPO

El viento racheado había derribado un árbol cuyo tronco había aplastado la pasarela sobre el arroyo Babbling. Ya no había manera de poder cruzarlo y llegar al pueblo.

–¡Vaya! –dijo Sage, observando los estragos. Felicity estudió la corriente.

–La corriente aquí parece muy fuerte. Vadearlo sería demasiado peligroso para las chicas.

–Claro, ya lo sabemos –dijo Patter coincidiendo con ella.

–El arroyo Babbling nos trajo aquí. Bueno, técnicamente un gran tronco nos trajo aquí a través del arroyo Babbling. El viaje terrorífico por esas aguas definitivamente fue más que suficiente para nosotros, ¿verdad, Flap?

Flap asintió.

–Bueno, puede que haya sido aterrador –dijo Felicity– pero las aguas del arroyo Babbling os han traído hasta aquí de forma segura.

–Este arroyo está tan lleno de sorpresas... –añadió Danessa suavemente.

Bree estaba observando el agua azul.

–Supongo que si corre por todas partes, puede verlo todo –dijo pensativa.

–Y cuando llegue el momento, podrá mostrarnos cosas –señaló Sage.

Los ojos de Felicity brillaban.

–¡El agua es la que todo lo sabe acerca de Everwilde!

Patter estaba asombrada.

–¿De verdad? No tenía ni idea. ¿Cómo sabes todo esto?

–Felicity tiene una habilidad especial para comunicarse con ella –explicó Bree.

–El arroyo Babbling puede ser un poco exigente con quien charla con él –dijo Sage.

Danessa movió sus cornamentas con entusiasmo.

–¡Enséñaselo, Felicity!

–¡Sí, Felicity! –la alentaron las demás.

Pero Felicity negó con la cabeza.

–¡Calmaros! Ya sabéis que el hechizo del arroyo Babbling no debe usarse de forma caprichosa. Sus informaciones son preciosos regalos. Vamos a descubrir cómo cruzar para poder seguir con nuestro camino.

Bree estaba pensando. Le encantaba resolver problemas y se le ocurrió un plan.

–Mis amigas me llaman "Arreglalotodo" –dijo a Patter y Flap–. Soy la chica más práctica al oeste del monte Craggy Peak.

Twist golpeó sus patas traseras asintiendo.

–Vamos a construir un nuevo puente –anunció Bree–. ¡Vamos!

Agrupó las rocas más grandes que podía mover y comenzó a hacerlas rodar hacia el arroyo. Apiló

las más pequeñas encima de las más grandes.
Sage repasó su trabajo y dijo:

–Necesitamos algo que mantenga todas las piedras unidas.

Bree sonrió.

–Tengo una palabra para ti: ¡SAVIA!

Sage y Caper comenzaron a menear sus colas al unísono hacia adelante y hacia atrás. Era una señal especial.

Un instante después, un pájaro carpintero bajó volando y se posó a su lado.

Como si pudiera entender exactamente para qué lo necesitaban, picoteó un árbol hasta que fabricó tablas de madera para las chicas. Luego picoteó aún más fuerte en el tronco y una delgada corriente de savia pegajosa empezó a salir del agujero del árbol.

–La naturaleza tiene el mejor pegamento –dijo Bree–. Es hora de ser pegajoso.

Recogió algo de savia con su nueva pala y la extendió por la parte superior de las piedras. Entonces apiló encima otra capa de rocas.

Patter y Flap estaban impresionados. Estas chicas eran creativas y sabían cómo trabajar juntas.

–¡Guau, qué equipo! –exclamó Patter.

Ella y Flap comenzaron a ayudar, y no pasó mucho tiempo antes de que terminaran el puente de piedra.

Bree lo miró satisfecha y dijo en un suspiro:

–¡Ya podemos pasar!

Twist levantó una pata.

–¡Mirad!

Una vieja tortuga se estaba arrastrando lentamente hacia el arroyo.

–Supongo que otros viajeros también usarán nuestro puente –dijo Bree.

Sage se inclinó, recogió la tortuga, y la colocó al otro lado. A ella sola, tan lenta, le habría llevado todo el día.

–Acabo de ahorrarle por lo menos un mes.

Se rió y todos se unieron a las risas, incluida Patter. ¡Le gustaban estas chicas! Estaba resultando ser un día muy sorprendente.

CAPÍTULO 5

LA AMISTAD FLORECE

Cuando las chicas entraron en el pueblo, pasaron por una vieja cabaña. Tenía las ventanas rotas. La pintura se estaba pelando. La parra había trepado por el techo.

–Qué casa tan triste –dijo Patter–, apuesto a que hace tiempo fue hermosa. Me recuerda a. . .

Le recordó su vieja casa, pero no lo quería decir y puso nervioso a Flap.

–Nadie ha vivido nunca aquí –explicó Felicity–. Un poco espeluznante, ¿no?

Sage se encogió de hombros.

–No lo sé. No lo parece.

¡BOO!

Estaba surgiendo una sombra desde una ventana.

–¡Ahh! –gritaron las chicas y sus mejores amigos.

Pero solo era Caper. Soltó una risita. Se había escabullido para gastar una broma a todos.

Sage negó con la cabeza. Su mejor amiga era muy buena con las bromas.

–¡Me has sorprendido otra vez!– se rió–. De verdad, no sé cómo lo haces.

Caper usó su espesa cola en blanco y negro para quitarse el polvo de la espalda. Entonces las dos amigas hicieron su propia versión de un choca esos cinco usando sus colas. Fue su especial apretón de manos o "apretón de colas".

Felicity notó que Patter parecía un poco nerviosa.

–No te preocupes –dijo para tranquilizarla–. Nuestras cabañas no se parecen en nada a este viejo lugar.

–¡No, en absoluto! –estuvo de acuerdo Bree. Están mucho mejor.

–¡Ding-dong! ¡Ding-dong! ¡Ding-dong!

Los tañidos de una campana llegaron desde el pueblo.

–¡Oh! –exclamó Felicity–, ya es mediodía. ¡No puedo creerlo!

–¡Viva! –gritaron las otras chicas, a excepción de Patter.

No estaba segura de qué iba toda esa emoción.

–Hoy comenzamos la cuenta atrás para el ¡Big Bloom! –explicó Felicity.

–¡Ah! –asintió Patter– ¿el Big Bloom? ¿Qué es eso?

–Es la más grande e importante celebración de Wonderwood –dijo Sage efusivamente.

–En tres días, ¡todo el pueblo celebrará que ha llegado el primer día de la primavera! –agregó Bree.

Patter sonrió. ¡Por fin lo había entendido!

–¡Ah! Claro, por eso "Big Bloom".

–Oye, ¿por qué no celebráis el Big Bloom con nosotras? –sugirió Danessa, que siempre reflexionaba antes de hablar...

–Podrías quedarte con Sprint y conmigo.
Te cuidaremos bien. No tendrás que levantar una pluma.

El pico de Flap se abrió. ¿Tres días? Era demasiado tiempo para quedarse allí. ¡Tenían que encontrar el camino de regreso a casa!

Pero las chicas estaban charlando muy emocionadas.

–¡O podríais quedaros con Flick y conmigo! –les invitó Felicity–. ¡Vivir en una guarida de zorro es lo mejor!

Bree saltó arriba y abajo.

–Twist y yo tenemos la mejor cocina de Wonderwood. Nos encantaría cocinar para ti.

–¡Oye! –intervino Sage– quedaros con Caper y conmigo. Es la casa más divertida de Wonderwood.

Patter se sintió abrumada. Las chicas eran todas tan amables y atentas.

–Nosotros somos muy orgullosos, pero ahora mismo no vamos a rechazar una mano amiga.

Flick le colocó su peluda pata en el hombro.

Patter se rió contenta.

Las plumas de la cola de Flap estaban caídas.

No estaba contento. Patter se lo llevó aparte para hablar.

–Después de lo que nos ha ocurrido, creo que nos merecemos pasar un buen rato, ¿no crees?

Flap se rascó los pies en el suelo.

–Mmmm. . . –murmuró con incertidumbre. Evitaba mirar a Patter.

–Es solo por unos días, y a ambos nos gusta una buena fiesta, ¿verdad?

Flap suspiró y asintió de mala gana. Deseaba de verdad que Patter estuviera contenta. Quería ser un buen chico. Realmente lo quería.

–¡Genial! –dijo Patter– ¡Nos encantaría celebrar el Big Bloom con todas vosotras!

–¡Súper! –aplaudió Felicity.

–Podemos decidir más tarde en qué casa vais a estar. ¡Venga! ¡Síguenos!

–¿A dónde vamos? –preguntó Patter, apresurándose para ponerse a su altura.

–¡Al pueblo! –explicó Bree–. Tenemos que conseguir todo el material para empezar a decorar el mirador y nuestras casas.

Bree tomó la mano de Patter con la suya y saltó con ella.

–¡Vaya! –Patter se quedó sin aliento.

Sus alas se extendieron y levantó los pies en el aire.

Flap la vio desaparecer. ¿Iba a olvidarse de él ahora que había hecho nuevos amigos? Esperaba que no, pero lo parecía.

CAPÍTULO 6

COMPRA COMPULSIVA

El pueblo de Wonderwood era adorable. Pequeñas cabañas rodeaban un espacio lleno de flores. Había lindos cafés y hermosas tiendas. Una camioneta de helados estaba estacionada cerca de un bonito mirador.

Patter estaba impresionada.

–¡Guau! Dijiste que el pueblo era bonito, Bree, pero no dijiste que fuera tan hermoso.

–Bueno, a nadie le gusta las chicas que exageran –explicó Bree.

–¡Mira, Flap! ¡Un mirador! –señaló Patter–, y todas las tiendecitas y cafés y flores. Es como una ilustración de uno de tus libros de cuentos favoritos.

Los ojos de Flap estaban muy abiertos mientras miraba alrededor. Pero no dijo una palabra.

–Vamos –dijo Felicity–, no hay tiempo que perder. Debemos hacer algunas compras muy importantes.

Se apresuró hacia la tienda y todos la siguieron dentro.

–¡Hola, hola a todos! –gritó Bren mientras entraban. Sus orejas se movieron contentas–. ¿Qué puedo hacer por vosotras?

–Estamos comprando para… –comenzó Bree.

–¡El Big Bloom! –gritaron el resto al unísono.

–Lo que me pensaba –dijo Bren–, parece como si todos en la ciudad hubieran venido hoy. ¡Feliz compra!

Felicity empujó a Patter y Flap hacia adelante.

–Tenemos unos invitados de fuera del bosque. Esta es Patter y su mejor amigo, Flap –dijo ella a modo de presentación.

–Bienvenidos a Wonderwood –dijo Bren.

–¡Haroomph! –dijo otra voz de bienvenida.

Era Snore, su osita mejor amiga, una compañera dulce y juguetona que trabajaba detrás del mostrador con ella.

–¿Es vuestra primera celebración del Big Bloom? –preguntó Bren.

–Sí –respondió Patter cortesmente–. No celebramos el Big Bloom en Junglewood.

Bren sonrió amablemente.

–Bueno, con esas plumas de lujo, sin duda alegraréis la celebración.

Bree debía conseguir los ingredientes para hornear un pastel. Danessa estaba buscando un nuevo florero, y Felicity estaba revisando las telas y las pinturas. Sage puso cajas de luces decorativas en su cesta de la compra.

Cuando todos hubieron terminado, Bren revisó las compras.

–Comida para fiestas, adornos para fiestas, más comida para fiestas, tela, comida para fiestas, luces. . . y ¡más comida para fiestas! –se rió Bren.

–Debería de haber suficiente –dijo Felicity.

Bren sonrió.

–Ah, Patter, aquí hay un poco de miel para ti y Flap. Bienvenidos a Wonderwood.

Un grupo de abejas voló, sosteniendo un pequeño frasco. Patter tomó el frasco, asombrada.

–¡Muchas gracias! –les dijo.

–Esto es muy amable por tu parte. ¿No es así, Flap?

Flap intentó sonreír, pero su pico apenas se movió.

Todos los demás se despidieron amablemente de

Bren mientras salían de la tienda.

–¡Adiós! –gritó Felicity.

–¡Nos vemos la próxima vez! –añadió Bree.

–¡Gracias! –dijo Patter.

Una vez fuera Patter se giró hacia Felicity. Miraba el pequeño frasco en sus manos, confundida.

–¿Qué es la miel? –preguntó.

CAPÍTULO 7

UN PAVO REAL ABATIDO

Las chicas se detuvieron en el mirador y dejaron sus bolsas de la compra en el suelo.

–¿Por qué no aligeramos un poco la carga? –sugirió Felicity.

Una bandada de petirrojos bajó volando, recogió las bolsas de la compra por sus asas, y se fueron volando con ellas.

–¡Gracias! –gritó Felicity a las aves.

Todos en Wonderwood eran muy amables y serviciales, pensó Patter.

Sage subió a la plataforma.

–Nuestras mejores amigas y amigos bailarán esta noche.

Se volvió hacia los animales que estaban todos acurrucados unos contra otros.

–¿Qué tal un pase previo para nuestros nuevos amigos?

Twist golpeó con sus patas. Caper chasqueó con su cola. Flick giró las orejas y Sprint golpeó con sus pezuñas.

¡No tenían que pedírselo dos veces!

Las chicas se sentaron frente al escenario.

Patter envolvió a Flap con un brazo y él se acurrucó.

En el escenario, los animales se alinearon, cada uno agarrándose a la cola del de delante.

Twist golpeó con sus patas para iniciar el ritmo.

Los animales golpearon el suelo del escenario dos veces con sus patas derechas. Y luego dos veces con sus patas izquierdas.

Saltaron hacia adelante y saltaron hacia atrás.

Twist era la líder.

A Flap le estaba costando prestar atención al espectáculo. Echaba mucho de menos su hogar.

Usó la punta de una pluma para dibujar en el suelo una imagen de su casa en Junglewood. Pero nadie notó lo triste que estaba, ni siquiera Patter, que estaba concentrada en el espectáculo.

Los animales aún necesitaban muchos ensayos.

Tenían serias dificultades para seguir el paso.

Sage chocó contra Danessa, y ella pisó la cola de Felicity. Además, Bree saltó demasiado alto y se cayó.

¡Flomp!

¡Bloop!

¡Whomp!

Twist se levantó y se puso a bailar por su cuenta, golpeando y saltando.

Bree negó con la cabeza.

–¡Se llama el Brinca-Conejito! Y nunca adivinarás a quién se le ocurrió la idea.

En el escenario, Twist movió las orejas, orgullosa de que se reconociera su baile.

–Buen trabajo, Twist –le dijo Felicity.

–¡Me encanta! –dijo Sage.

Finalmente, Danessa notó que Flap no estaba prestando nada de atención al baile.

–Se le ve triste –le dijo a Patter–. ¿Hay algo que pueda hacer para ayudar?

Patter se mordió el labio con incertidumbre.

–No creo. No ha dicho mucho desde la tormenta.

–Sage tal vez pueda animarlo –sugirió Danessa–. Es bueno en eso.

Sage corrió hacia Flap, que aun estaba dibujando en el suelo.

–¡Oye! –le dijo alegremente–, ¿quieres ver una morsa?

Volteó su cola de caballo ante la cara y la sostuvo debajo de su nariz por lo que parecía un gran y espeso bigote de morsa.

Pero Flap simplemente volvió a mirar hacia el suelo.

–Está bien –suspiró Sage–, ¿qué tal si hago un sonido gracioso?

Se puso una mano bajo el brazo y agitó el codo,

haciendo pedorretas, ruidos gaseosos. Bree soltó una risita.

Patter sonrió. Pero Flap ni siquiera levantó la vista. Sage retiró sus manos.

–Bueno, lo he intentado. Hasta luego.

Se puso de pie e inmediatamente fingió tropezar. Echó un vistazo a Flap. ¿Se estaba riendo? A Sage le pareció que sí. Pero no era suficiente reacción.

–Hmmm –dijo Sage– esto generalmente provoca que la gente se tronche de risa.

–Quizás se sienta mejor una vez que haya dormido bien toda una noche –sugirió Danessa.

–De acuerdo –dijo Felicity–. Así que decidamos donde se quedarán nuestros nuevos amigos hasta el Big Bloom.

–Todas queremos que se queden con nosotras, ¿qué hacemos? –preguntó Sage.

Bree parecía pensativa.

–¡Mariquitas! –anunció.

Danessa se rascó la cornamenta.

–¿Quieres que se queden con las mariquitas?

–¡No! Usemos el "Decididor de las mariquitas". Mi último invento –dijo Bree riéndose. Recogió una flor de geranio. Estaba cubierta de mariquitas.

–A las mariquitas les gustan los geranios y también les gusta ayudar a los Enchantimals a tomar decisiones.

Dijo a todas las chicas que mantuvieran las palmas de las manos hacia arriba. Cuando lo hicieron, las mariquitas volaron desde los pétalos de geranio y aterrizaron en ellas.

–Ahora, contad las manchas de las mariquitas –instruyó Bree–. Quien tenga más, gana.

–Tres –anunció Bree.

–¡Seis! –exclamó Felicity.

Danessa bajó la cabeza. Ella solo tenía cuatro.

Sage estaba confundida.

–Perdí la cuenta –dijo.

Las mariquitas se arrastraban por sus dedos.

–¡Creo que ganas! –dijo Bree.

–¡Sí, son muchas mariquitas! –señaló Felicity.

Sage estaba emocionada.

–Solo sé que nuestra casa os va a gustar. –le dijo a Patter.

–¡Estoy segura que sí! –respondió.

Los animales se quedaron atrás para practicar su baile.

Invitaron a Flap a unirse a ellos.

Flap no sabía qué hacer. No quería ser grosero, pero deseaba estar cerca de Patter.

–¡Es una gran idea! –dijo Patter al grupo de amigos–. A Flap le encanta bailar.

Caper agarró a Flap por el ala y lo estiró al escenario. Sage sonrió.

–¡Flap, Caper nos vemos más tarde en casa! –dijo Sage.

Flap vio a Patter desaparecer por una esquina del camino. No se había sentido tan infeliz desde que su casa había sido destruída.

Ahora se sentía triste y solo.

Patter lo había dejado con unos extraños.

¿Qué iba a hacer?

Capítulo 8

Sage la bromista

Patter también se sentía un poco tímida. Parloteaba nerviosamente con las chicas.

–¡Vamos! Esto es muy emocionante. Me gustan las fiestas. ¡Me gustan, me gustan, me gustan! Vestirse con ropa bonita. Llevar joyas ¡El Big Bloom! ¡Me encanta! Oh, ya lo he dicho, ¿no? Supongo que estoy un poco nerviosa. Nunca hemos estado en ningún sitio excepto Junglewood. ¡Flap y yo teníamos la casa más espléndida! Ahora ya no existe. No, no, no existe. Fue barrida bien lejos. Oh, como la quería.

Para calmarse, Patter comenzó a cantar, o más bien, graznar "¡La-la-la-la-la!".

Eso la hizo sentir mejor, así que Sage intentó no taparse las orejas. Después de todo, las otras chicas aguantaban su perfume.

–Ah, mucho mejor –dijo Patter cuando terminó.

–Cualquier cosa te funciona –respondió Sage–. Ya estamos–. Habían llegado a la casa donde ella vivía con Caper–. Dime, ¿te gustan las bromas divertidas?

–Por supuesto –respondió Patter.

–Muy mal. Todas las mías apestan.

Sage esperó un momento para ver si Patter lo pillaba. Soltó una risita cuando Patter comenzó a reír.

–¡Un poco de humor! Hay mucho más donde vamos.

Sage abrió la puerta de su cabaña.

–He aquí la fábrica del tiempo de la diversión –anunció.

Toda la habitación estaba decorada en unos tonos muy bonitos de color púrpura con algunos toques de rosado. Había una colcha rosa, cortinas púrpura y una alfombra también rosa. En las paredes, pintadas de lavanda, había carteles de todas las bandas favoritas de Sage.

–Es bonito –declaró Patter.

Sage cogió un frascó y comenzó a rociar la habitación, liberando el poderoso aroma de jazmín y gardenia.

–¡Nada como un poco de perfume para hacer que el día sea especial!

Roció a Patter, también.

–¡Mmmm! –dijo Patter, inhalando–, huele muy bien. Me recuerda a las flores de casa.

–¡Estupendo! Rocíate otra vez. ¡Y siéntate!

Patter se sentó en una silla, que desprendió un largo chirrido, un ruido gaseoso. Patter saltó, avergonzada.

–¡Uy! –Sage se rió–, me olvidé de eso.

Buscó debajo de la almohada de la silla y sacó un gran cojín de pedorretas.

–¡Un clásico! ¡Lo siento!

–No te disculpes. Es gracioso –dijo Patter sonriendo–. Tú eres graciosa.

Patter se había acercado a la librería para mirar las fotos de Sage.

–¿Sois tú y Caper? –preguntó mientras señalaba una de las fotos. En el momento en que lo hizo, un chorro de agua salió y la salpicó.

–¡Agh!

Sage bajó la cabeza, avergonzada.

–Vaya. Debería haberte advertido.

Pero Patter se reía mientras se limpiaba la cara.

–¡Una foto que rocía agua! Y yo que pensaba que lo había visto todo.

–Esa foto es parte de mi colección de bromas.

Sage entregó a Patter un pañuelo.

–¿Tienes toda una colección? –preguntó Patter.

–¡Desde luego!

Sage también poseía muchos instrumentos musicales. Estaba en una banda.

–¿Tocas todos esos? –preguntó Patter.

–Si –respondió Sage–, ¿tú tocas alguno?

–No, pero me encantaría aprender.

Sage le sonrió a su nueva amiga.

–Eres una buena chica –le dijo ella.

–Sé que vamos a divertirnos mucho juntas.

–¡Yo también! –compartió Patter–. Solo espero que Flap se esté divirtiendo tanto como yo. Pero no era así.

CAPÍTULO 9

NO HAY DIVERSIÓN PARA FLAP

Las mejores amigas y amigos estaban haciendo todo lo posible para integrar a Flap, pero no era fácil.

–Flap, Flap –dijo Twist para obtener la atención del pavo real.

La conejita saltó en el aire, luego saltó un poco más alto, y se elevó, arriba, arriba. Aterrizó al lado de Flap y lo asustó. Graznó. Sus plumas de la cola se extendieron en un abanico de sorpresa.

Flick decidió tomar la dirección del ensayo y dijo que iban a probar el baile otra vez desde el principio. Todos se colocaron en sus lugares.

Caper quería ayudar a Flap a relajarse,

y le roció con perfume.

–Mmm –la pequeña mofeta ronroneó feliz. Pero Flap tosió y tosió. Una mosca se metió en su pico abierto. Flap la escupió. Sprint llegó al trote. Estaba preocupado por Flap. Lo tomó suavemente por el ala y lo llevó delante del escenario. Tal vez eso lo haría sentir más integrado.

–¡Towee! –gritó Flick– ¡Qué buena idea! Pero no fue así. Los mejores amigos empezaron su baile del conejito, pero cada vez que Sprint saltaba hacia delante, el ciervo accidentalmente empujaba a Flap con sus astas.

–¡Lo siento! –dijo–. ¡Lo siento otra vez! Vaya, lo siento mucho.

Flap se sentía apesadumbrado. No quería bailar y no quería hacer nuevos amigos y desde luego no quería que un ciervo lo empujara, aunque fuera sin querer. Él deseaba volver a casa a Junglewood.

Pero para Patter era muy diferente. Estaba disfrutando tocando música con Sage.

Se estaba divirtiendo tanto que cada vez menos

pensaba en encontrar una forma de regresar a su hogar. Mientras Sage rasgueaba su guitarra, Patter se soltó con los tambores. Ni siquiera se dio cuenta cuando Caper y Flap entraron a la cabaña. Flap hizo una mueca ante el alboroto que las chicas estaban haciendo. Sage estaba encantada de verlos.

–¡Llegáis justo a tiempo! ¡Sumaros a la banda!

Caper agarró dos baquetas con las patas y comenzó a tocar un ritmo en cualquier superficie que pudiera golpear: barras de cama, plantas colgantes, e incluso el cojín de pedorretas.

Flap estaba agotado. Esperaba que esa actuación terminara pronto. Pero Sage aun tenía otro instrumento por probar: ¡un acordeón!

–Todavía estoy aprendiendo –gritó Sage sobre el sonido–. Pero creo que se me da bien.

Presionó los dedos hacia abajo con fuerza en los botones para obtener una última nota de lamento.

–Genial, ¿verdad?

Pero Flap no pudo soportarlo más y se escondió bajo la cama.

CAPÍTULO 10

CAOS DE ZANAHORIA

A la mañana siguiente, Patter y Flap se dirigieron a la cabaña de Bree y Twist para desayunar. Tenían un enorme jardín en frente de su casa lleno de zanahorias, repollo, lechuga, brócoli y todo tipos de verduras maravillosas.

Bree llevó a Patter y Flap adentro y les mostró su habitación favorita, ¡la cocina! Estaba llena de los inventos de Bree para ahorrar tiempo, desde ruedas giratorias hasta zumbantes cintas transportadoras.

Twist estaba lista para improvisar la comida de una fiesta.

–Comencemos con un desayuno –dijo Bree.

Twist saltó sobre un botón, y una máquina de hacer sándwiches comenzó a zumbar.

Dos manos mecánicas recogieron rebanadas de pan, las untaron con mayonesa, y les metieron lechuga.

–Espero que te gusten los sándwiches de lechuga –le dijo Bree.

–Nunca los hemos probado –confesó Patter.

–Comemos sobre todo semillas y bayas.

–Bueno, entonces, ¡te espera un verdadero placer! –exclamó Bree.

Patter dio un mordisco delicado.

–Mmmm. Sabroso. –dijo cortesmente.

Flap olfateó el sándwich, arrugó el rostro, y lo apartó.

Twist contempló a Flap, su nariz y bigotes se contraían. Preguntó gritando a Flap si iba a terminarse el sándwich.

Flap lo deslizó sobre la mesa hacia el conejito. Ni siquiera iba a intentarlo. Preferiría pasar hambre.

Patter se había fijado en las fotos de la familia

colgadas en la nevera de Bree. Había conejitos viejos y jóvenes, conejos enormes y pequeños conejitos de Indias.

–¿Son parientes de Twist? –preguntó Patter.

–¡Sí! –respondió Bree–, tiene una familia bastante grande.

Señaló hacia un armario donde había más fotos de conejitos, docenas.

–¡Guau! –exclamó Patter.

Twist saltó y comenzó a contar a sus huéspedes quién era cada uno:

–¡Mullido! ¡Peluche! ¡Blandito!

Patter tomó una de las fotos para mirarla con más cuidado, y recibió un chorro de agua! Era otro marco de broma.

–¡Uy! –se disculpó Bree– ¡Sage nos lo regaló!

Patter sonrió.

–Debí haberlo adivinado.

–¡Vamos a hornear! –sugirió Bree.

Patter estaba emocionada.

–¿Qué vamos a hacer? –preguntó.

–¿Cómo si hubiera elección? –Bree soltó una risita–. Pasteles de zanahoria, por supuesto. ¡Deliciosos y de color naranja!

Twist miró con avidez todas las zanahorias que había encima de la mesa. ¡Las zanahorias eran lo mejor!

Patter admitió que ella nunca había hecho un pastel.

–Es fácil, superfàcil –dijo Bree.

Especialmente con la flamante máquina de pastel de zanahoria que acabo de inventar. Seréis los primeros en verla en acción.

Levantó un montón de zanahorias.

–¿Adivinad de dónde provienen?

–¿De la nevera? –respondió Patter, insegura.

Bree se rió.

–¡Antes de estar en la nevera! ¡De nuestro propio huerto!

–No tenemos zanahorias en Junglewood –explicó Patter–. ¿Verdad, Flap?

Flap negó con la cabeza. Twist no se lo podía creer.

Estaba conmocionada. ¿Cómo se puede vivir sin zanahorias?

Bree entregó a Flap una zanahoria.

–Toma. Voy a demostrarte cómo funciona mi máquina. Así también podrás usarla. Solo tienes que poner la zanahoria aquí.

Flap deslizó la zanahoria en el embudo de la parte superior del artilugio.

–¡Bien, Flap! –dijo Bree–. Ahora presiona este botón.

El pavo real presionó el botón con su garra y la máquina comenzó a zumbar. Las tijeras cortaban la parte superior de la zanahoria y un conjunto de cuchillas exprimía lo verde.

–Podemos beber eso más tarde. Yo lo llamo batido cabezazanahoria –dijo Bree a sus invitados.

Patter intentó fingir que le sonaba muy bien.

La zanahoria rallada se removía en la máquina en un tazón grande.

–Excelente trabajo –exclamó Bree.

Creo que estás listo para echar el resto de

las zanahorias mientras Twist y yo hacemos la crema.

–¡Viva! –gritó Twist, con emoción.

Patter tragó saliva, observando la enorme pila de zanahorias.

–¿Todas?

–¡Sí! –respondió Bree–, todas.

Flap y Patter intercambiaron sus miradas con precaución. Patter comenzó a dejar caer todas las zanahorias en el embudo mientras Flap le daba al botón INICIO. Pero no conseguían el ritmo correcto y pronto las zanahorias se atascaron en la máquina y... ¡trozos de zanahoria rallada volaron por toda la cocina!

–¡Ay! –gritó Twist.

–¿Pusiste todas las zanahorias de golpe? –preguntó Bree.

–Sí, como dijiste –contestó Patter.

–¡Oh, no! –chilló Bree–, no quise decir ¡todas a la vez!

–¿Ah, no? –gritó Patter– ¡Vaya!

Las zanahorias seguían volando por el aire, y Twist atrapaba todas las que podía con sus dientes. ¡Estaban deliciosas!

Pero las zanahorias estaban golpeando a Flap, que tenía que cubrirse la cabeza con sus alas. Patter intentó apagar la máquina, pero cuando apretó el botón, no pasó nada.

Además, ahora el agua salía disparada.

–¡Ay! –exclamó Bree.

–¡Aaaaaaah! –Twist agarró la tapa del cubo de la basura y comenzó a usarlo de escudo.

–¿Cómo se para? –preguntó Patter a Bree desesperadamente.

Bree se encogió de hombros, avergonzada.

–Bueno . . . sabes. . . –tartamudeó–, la cosa es que no llegué a crear un botón PARAR.

Pero Twist estaba pensando. La conejita corrió a ras del suelo y desenchufó la máquina. Todo parado. Silencio.

–Nota para mí misma –dijo Bree– los botones de PARAR son muy importantes.

CAPÍTULO 11

UN CHASCO ZORRUNO

Más tarde, ese día, Patter y Flap se dirigieron a la guarida de Felicity y Flick para ayudarles a preparar el Big Bloom. Llamaron a la puerta. Felicity respondió.

–¡Ya estáis aquí! Justo a tiempo. Acabamos de terminar la limpieza.

La guarida se había construído en el lado de una colina y casi toda bajo tierra. En la pared había carteles turísticos de todos los lugares que Felicity había visitado. También, en las estanterías, gemas raras que había recogido como recuerdo. Había muchos libros en ese pequeño espacio, pero era muy acogedor y muy limpio.

–¡Mira, Flap! –Patter señaló la estantería– a él, le encanta leer –explicó a Felicity.

–Todos están ordenados por temas, y en orden alfabético por autores –dijo Felicity a sus invitados con orgullo–. Y luego, después de que nos lavemos las manos, podemos leerlos.

Flap estaba mirando el mapa de la pared. Mostraba todo Everwilde. Encontró Junglewood. Ahora ya podía ver lo lejos que estaba de su casa.

–Está más lejos de lo que pensábamos –señaló Patter.

–Razón de más para quedarse, ¿verdad? –dijo Felicity alegremente. Y fue a las ventanas y corrió las cortinas.

A los zorros les gusta la oscuridad.

–¡Así es más acogedor! ¡Ahora a pasar un buen rato!

Felicity desenrolló un gran rollo de tela en el suelo para, según explicó, hacer guirnaldas.

–¿Qué es eso? –preguntó Patter.

–Tela de fiesta para decorar la glorieta

y el escenario –dijo Felicity–. Utilizaremos el resto para decorar nuestras ventanas. Lo he cortado en tiras y he comprado un poco de pintura.

Flick balanceaba una lata de pintura sobre la cabeza y llevaba un pincel en la boca.

Flap estaba temblando. La guarida estaba fría y oscura, y no podía dejar de mirar el mapa. ¿Cómo volverían a Junglewood?

Felicity abrió la lata de pintura y dio pinceles a Patter y Flap.

–Vamos a pintar estas tiras de color verde –explicó–. ¡Porque ese es el color de la primavera!

Flap fue a ayudar, pero al acercarse, las plumas de su larga cola barrieron una mesa y enviaron la brillante colección de gemas de Felicity al suelo.

–¡Buff! –graznó Flap, tratando de atrapar las gemas.

Patter se disculpó por su mejor amigo.

–Lo siento mucho. La plumas de la cola de Flap…

Felicity puso de nuevo cuidadosamente sus piedras preciosas en su lugar.

–Está bien –dijo ella, después de respirar hondo–, ninguna de mis gemas se ha roto.

Pero sugirió que Flap se mantuviera quieto junto a la puerta, donde no estorbaría. Desafortunadamente, mientras el pavo real se pavoneaba por la madriguera, las plumas de su cola barrieron toda una fila de libros, que cayeron al suelo. Flick se lanzó a atraparlos mientras caían.

–¡Míos! –gritó.

–Oh –Patter se rió nerviosamente–. Es lo que ocurre con las plumas de la cola. ¡Tienen vida propia!

Felicity realizó otra respiración profunda.

–No te preocupes. Son solo libros.

Y comenzó a colocarlos en el estante.

–Veamos. Creo que este va bajo "madrigueras de pequeños mamíferos" en la M.

–Está un poco oscuro aquí –dijo Patter tratando de disculpar a su mejor amigo–.

Supongo que Flap no los vio.
La guarida era pequeña, ese era el problema.
Flap se volvió para estudiar el mapa en la pared y chocó contra la lata abierta de pintura.
Esta se derramó. Patter entró en pánico.

–¡Lo sentimos mucho!

Felicity se apresuró y se deslizó sobre el suelo resbaladizo, patinando hacia Flap, que cayó sobre Patter.
¡Flas! ¡Chapoflás!

–Lo siento mucho –siguió diciendo Patter una y otra vez– intentaremos ser más cuidadosos.

Pero las palabras apenas habían salido de su boca cuando tropezó y pateó otra lata de pintura abierta. Dio una vuelta en el aire y aterrizó justo en la cabeza de Felicity.
Felicity se rió, tratando de ser positiva.

–¿Quién dice que los zorros tienen que ser rojos? –bromeó, mientras se limpiaba la pintura verde de la cara.

Patter estaba abrumada, así que se puso a cantar...

CAPÍTULO 12

EL DESASTRE DANESSA

A la mañana siguiente, Danessa dio la bienvenida a Patter y Flap. En lo profundo del bosque, la acogedora cabaña estaba casi oculta en su totalidad por fragantes arbustos de bayas.

–Bienvenidos –dijo Danessa con su voz calmada y tranquila–. ¿Qué tal os fue la noche en casa de Felicity?

–Resbaladiza –respondió Patter–. A Flap le encantó estar rodeado de tantos libros.

Flap estaba confundido. ¿Patter realmente creía que se lo había pasado bien?

Danessa les dio la bienvenida a ambos a su casa. Plantas con flores colgaban de las ventanas.

Había sillones grandes y coloridas alfombras de tela. Había jarrones llenos de flores silvestres. Era casi como estar afuera.

Danessa y Sprint se acercaron a sus invitados. Querían cuidar bien de ellos.

–Estoy tan contenta de que podáis pasar un tiempo con nosotros –dijo Danessa– espero que os lo estéis pasando bien en Wonderwood.

Patter asintió.

–Gracias. Tú y tus amigas sois muy amables y generosas con nosotros.

–¡Bueno, eso es lo que queremos! –Danessa le sonrió–. Todos son bienvenidos a Wonderwood. Los Enchantimals vienen de visita y ya nunca se van. ¡Oye, vosotros dos os podríais quedar para siempre, también!

Flap jadeó y miró a Patter. No podía estar pensando en quedarse para siempre, ¿verdad? Para siempre era un tiempo terriblemente largo.

–Desde luego, vale la pena pensarlo –respondió Patter–. Tu casa es muy agradable.

Danessa hizo un gesto alrededor de la habitación.

–Sois bienvenidos a mi cama, a mi silla favorita, a mi comida, a lo que sea que necesites. . . ¡absolutamente todo!

Parpadeó con sus largas pestañas, esperando a que sus invitados dijeran algo.

–¿Tenéis hambre? ¿Queréis un bocadillo? ¿Algo de beber? ¿Una almohada? ¿Una siesta?

Patter se encogió de hombros.

–Estamos bien. De Verdad.

–¡Genial! –dijo Danessa, aliviada.

Sprint salió corriendo de la habitación en busca de algo.

–Tenemos trabajo que hacer. ¡Trabajo divertido! Trabajo para el Big Bloom. Qué suerte que hayais llegado a nuestro bosque en la época más mágica del año.

–Lo sé –estuvo de acuerdo Patter–. Apenas puedo esperar hasta esta noche. A nosotros nos encantan las fiestas.

–Estamos a cargo de hacer centros de mesa florales –continuó Danessa–. Y como puedes ver, ¡nos gustan mucho las flores! Me encanta regarlas, olerlas y hablar con ellas.

Se inclinó y susurró en voz baja a una de sus bonitas plantas.

Sprint regresó a la habitación llevando un montón de canastas en la boca.

Estaban rebosantes de margaritas y grandes flores de rododendro.

–¡Ooh! –exclamó Patter–. Son maravillosas. Nunca lo habíamos visto antes. Nosotros tenemos flores diferentes en nuestra jungla. ¿Verdad, Flap?

Flap asintió.

Danessa estaba empezando a organizar las flores.

–Todo lo que tenemos que hacer –dijo– es tomar dos margaritas de esta canasta y dos rododendros de esa y colócarlos en jarrones bonitos.

–Suena fácil –dijo Patter.

–Es fácil –estuvo de acuerdo Danessa.

Patter elegía sus flores y al mismo tiempo se repetía las instrucciones.

–Dos margaritas y dos. . . ro-do-den-dros. No es difícil, ¿verdad, Flap?

–¡Achís! Flap abrió su pico y estornudó ruidosamente.

–¡Achís! –Patter hizo el eco del estornudo.

–¡Achís! –ambos estornudaron juntos.

–¡Salud! –dijeron Danessa y Sprint al mismo tiempo–. ¿Estáis bien?

–Sí, sí –dijo Patter antes de ponerse a estornudar de nuevo.

–¡Achís! –Patter y Flap estornudaron

de nuevo a la vez.

Danessa estaba preocupada.

–Te conseguiremos algunos pañuelos, pero parece que podríais ser ¡alérgicos a las flores!

Patter cayó contra la pared después de un estornudo gigante y se estrelló contra un cuadro.

–Estoy bien –sollozó.

Sprint le tendió un pañuelo.

Danessa recogió el marco roto.

–No es gran cosa. Nunca me gustó mucho.

Patter y Flap se limpiaron la nariz, pero no sirvió de nada. No podían parar de estornudar.

–¡Achís! Achís! ¡ACHÍS!

–¡Estos pañuelos también huelen a flores! –dijo Patter.

–Son rosas perfumadas –Danessa se dio cuenta–. ¡Oh no va nada bien! ¡Lo siento! ¡Sprint!
Sprint lanzó la caja de pañuelos a la habitación de al lado. Pero estaba lleno de flores.
No había forma de alejarse de ellas, a excepción de que se fueran.

–No nos gusta estornudar y correr –dijo Patter–. ¡Achís! Pero tenemos que salir de aquí, ¡ahora!
Patter y Flap corrieron hacia la puerta y salieron fuera de la cabina.

–¡Por favor volved más tarde! –les dijo Danessa yendo tras ellos–. ¡Conseguiré un purificador de aire!

CAPÍTULO 13

DESAPARECIDO

Patter y Flap volaron hacia el bosque, lejos de la cabaña de Danessa y del olor a flores. Se sentaron en una gruesa zona de musgo verde.

–Bueno –dijo Patter tomando una profunda bocanada de aire–, vaya experiencia. Al fin, un poco de aire fresco. No sé cuántas veces estornudamos allí. Perdí la cuenta después, de por lo menos, un trillón.

Flap asintió y se frotó el pico.

–Oh, tu pobre piquito –dijo Patter– está tan rojo como una flor de hibisco después de una larga lluvia de la jungla.

Patter alisó las plumas de la cola arrugada de Flap.

–Las cosas mejorarán, Flap –dijo tranquilizadora–. Estoy segura de ello. Todos son tan amables en Wonderwood y el Big Bloom parece que va a ser incluso más divertido que el Junglepalooza.

Flap frunció el ceño. No estaba de acuerdo.

Patter se mordió el labio pensativa.

–¿Qué opinas de lo que dijo Danessa sobre quedarse aquí de forma permanente? Quiero decir, no tenemos a dónde ir, y aquí se está realmente genial, ¿no crees?

Flap bajó la cabeza. No quería encontrarse con sus ojos. Estornudó. Patter no entendía lo molesto que estaba.

–Vamos, Flap –le dijo a su mejor amigo–. Las cosas no están tan mal. Deberíamos pensarlo.

Y entonces tuvo una buena idea:

–¡Un helado!

Tomó a Flap por el ala y se lo llevó al pueblo. Recordaba haber visto una camioneta de helados allí cuando llegaron por primera vez. Era el momento perfecto. Flap necesitaba animarse un poco. Tanto Patter como su mejor amigo revolotearon de regresó hacia la plaza del pueblo. La camioneta de los helados todavía estaba estacionada cerca del mirador.

–¡Mira, ahí está! –exclamó Patter.

–¡Hola! –dijo la dueña, que se llamaba Preena. Su pelo negro se correspondía con el color de su mejor amigo, el pingüino.

–Mira qué bonitas plumas. ¿Qué puedo ofreceros?

Patter estudió su oferta.

–Nuestro sabor especial del día es el de pastel de zanahoria.

–Todo menos eso –dijo Patter.

Ya habían tenido suficientes zanahorias.

–¡Sorpréndenos!

–No hay problema –dijo Preena, que se puso a trabajar con Jayla. Preena y Jayla entregaron sendos cucuruchos a Patter y Flap.

Sus rostros se iluminaron cuando los probaron.

¡Delicioso!

¡Sabroso!

Flap suspiró feliz. Dio un largo suspiro de alivio.

Era el sabor del hogar.

–Nos encantan las frambuesas –explicó Patter–. De vuelta a Junglewood, de donde somos, ¡Flap y yo iremos recogiendo frambuesas todo el rato! Lamió de nuevo.

–¿Detecto semillas de mostaza? ¡Son nuestras favoritas!

–¡Nunca conocí a un pájaro que pudiera

resistirse a ellas! –se rió Preena.

Flap devoró su cucurucho, eructó y soltó una risita. Sonrió por primera vez en muchos días.

Patter charló con Preena y Jayla.

–Disculpad, pero vosotros no sois del bosque, ¿verdad? –preguntó.

–Somos originarios de Frozenwood –explicó Preena–, pero hace tiempo pensamos que sería divertido compartir nuestro helado con el resto de la región. Así que preparamos la camioneta para vivir una pequeña aventura.

–Eso es un gran cambio –señaló Patter. ¿No estabais asustados?

–Al principio, sí –admitió Preena–, pero entonces comenzamos a tener encuentros muy divertidos con otros Enchantimals y sus mejores amigos. Supongo que la palabra "asustados" simplemente se derritió. Todos eran tan amables y acogedores, que decidimos quedarnos.

–En realidad, nosotros también estamos pensando en quedarnos aquí –le dijo Patter.

El pico de Flap se abrió. ¡Patter hablaba en serio!

–¡Deberíais hacerlo! –le dijo Preena a Patter.

–¿No extrañas tu casa? –le preguntó Patter.

–Siempre querré a Frozenwood, pero mientras tenga mi camioneta y a mi mejor amigo, siempre me siento como en casa.

–¡Es verdad! –agregó Jayla.

–Es realmente genial –dijo Patter–, ¿qué crees, Flap? ¿Flap?

El pavo real había desaparecido.

–¿Flap? ¿Flap? ¡Flap! –Patter lo llamó, pero no lo veía por ningún lado–, ¿dónde estás?

–Estará cerca, los mejores amigos nunca se alejan mucho –dijo Preena para tranquilizarla.

Pero Patter estaba preocupada.

–Lo sé, pero no lo veo en ningún sitio.

¿Flap? ¿Estás jugando al escondite o qué?

Porque ahora no es el momento, ¿vale?

¡FLAP! ¿DÓNDE ESTÁS?

Patter corrió hacia el bosque.

Tal vez había regresado a una de las casas de sus

nuevas amigas. Tenía que encontrarlo, ¡era su mejor amigo! ¡No podía perderlo!

–¡Echaremos un vistazo! –dijo Preena.

–¡Flap! ¡Flap! –llamó Patter.

¿Dónde se había metido?

CAPÍTULO 14

A JUGAR AL ESCONDITE, OTRA VEZ

Patter corrió hacia la casa de Sage.

–¡Flap se ha perdido! –dijo sin aliento.

–No te preocupes –dijo Sage–, lo encontraremos. Tenemos un sentido del olfato muy bueno, ¿no es así, Caper?

Caper torció la nariz asintiendo.

–Recuérdame –dijo Sage–, ¿a qué huele Flap?

Patter se sonó las manos. Flap olía a pavo real, como ella. Solo que ahora ese olor estaba oculto por los aromas de perfumes, pastel de zanahoria, pintura y flores.

Patter intentó describir todos esos olores a Sage.

–¡Parece que habéis estado muy ocupados!

–dijo Sage, que sugirió dirigirse a casa de Bree para ver si ella sabía algo.

–¡Flap se ha ido! –anunció Patter mientras se acercaban. Bree y Twist estaban en el jardín recogiendo zanahorias–. ¡Nos tomamos un helado y luego simplemente desapareció!

–Te ayudaremos a encontrarlo –prometió Bree–. Con todas las zanahorias que comemos, si alguien puede verlo somos nosotras.

Entonces, el grupo llegó a la casa de Danessa. Todas hablaban a la vez. Le explicaron a Danessa la desaparición del pavo real.

–¿Flap se ha perdido? –dijo Danessa muy preocupada.

–¡Sí! –gritó Patter–. ¡No tengo idea de donde podría estar!

–Vaya, es para preocuparse –le dijo dándole una palmadita en el hombro.

–Lo estoy –suspiró Patter–, necesitamos encontrarlo.

–Felicity sabrá qué hacer –dijo Danessa.

Para cuando llegaron a su guarida, Felicity ya estaba informada. Tenía un mapa en la mano.

–¡Estoy en ello! Grillos, dad la alerta –anunció Felicity.

Un chillido ensordecedor llenó el bosque.

Preena y Jayla dejaron sus cucharas para helado.

Bren y Snore de la tienda salieron a ver qué estaba sucediendo. ¡Era una emergencia!

Felicity levantó la mano, una gran flor de trompeta flotaba sobre su palma abierta. Habló a través de la flor como un megáfono.

–¡Atención Enchantimals del pueblo de Wonderwood! Hemos perdido a uno de nuestros mejores amigos que responde al nombre de Flap! Quien lo encuentre, por favor, que lo lleve al mirador. ¡Gracias! Ah, y ¿no lo he mencionado? ¡Flap es un pavo real! Y. . . es ¡adorable!

–¿Qué hacemos ahora? –preguntó Bree.

Felicity estaba pensando.

–Lo mejor para encontrar a Flap es separarse. Patter, Bree, y Twist pueden cubrir el bosque.

Sage y Danessa pueden rastrear el prado. Flick y yo iremos al arroyo Babbling. Podría arrojar algo de luz sobre dónde podría estar Flap.

Danessa tomó la mano de Patter.

–No te preocupes, Patter. Encontraremos a Flap.

Se volvió hacia todas las chicas.

–Abrazo grupal, ¿todo el mundo listo?

Todas se juntaron para dar un abrazo a Patter.

Sage se rió.

–¡Esas plumas seguro que hacen cosquillas!

Patter se conmovió por lo atentas y amables que eran sus nuevas amigas:

–Gracias, a todas.

–¡Buena suerte! –dijo Felicity.

Ya era hora de que se separaran. ¡Tenían que encontrar a Flap!

Felicity y Flick buscaron por el pueblo, corriendo de una tienda a otra. Sus colas rojas tupidas se movían hacia adelante y hacia atrás con prisa.

Llegaron donde Bren y Snore, que estaban

poniendo un cartel con la imagen del pavo real desaparecido en la puerta.

Sage y Danessa buscaron sin descanso en el prado lleno de flores. Iban deteniéndose para escuchar estornudos, pero no se oía nada.

Preena y Jayla condujeron su camioneta de helados por todas las calles del pueblo.

Patter, Bree y Twist miraron tras cada árbol del bosque. Estas dos últimas saltaron tan alto como pudieron para ver en la distancia. Patter voló de rama en rama. De pronto, Caper se quedó inmóvil en medio del prado.

–¡Deteneos! –dijo a los demás.

–¿Qué quieres decir? –preguntó Sage a su mejor amiga–, ¿ves a Flap?

–No –susurró Sprint–, pero escucha.

Todas intentaron estar absolutamente quietas. ¡Sí, había algo, el leve sonido de un canto! ¿Qué podría ser? ¿Era Flap?

Capítulo 15

El rescate de un petirrojo

Un pequeño petirrojo yacía en la hierba, gorjeando débilmente.

–Está herido –suspiró Sage.

–¿Qué quieres decir? –preguntó Danessa preocupada.

El petirrojo intentó aletear pero solo pudo ponerse a temblar.

–Tiene un esguince en el ala –se percató Sage.

–Va a necesitar una férula –dijo Danessa.

–No tenemos tiempo para eso –suspiró Sage–, tenemos que encontrar a Flap antes de que oscurezca.

Lo último que necesitaban era un pájaro herido.

Pero Danessa tenía un plan:

–¡Supongo que es el momento de que la naturaleza haga su magia! –anunció.

Caper y Sprint sonrieron.

–Primero necesitamos un lecho blando para el pájaro.

Danessa se inclinó hacia el pájaro y lo sostuvo mientras Sprint usaba sus astas para crear un surco en la hierba. De repente, un lecho de rosas sin espinas comenzó a florecer, creando una cama suave y fragante.

–¡Vaya! –exclamó Sage–, ¡alguien ha estado practicando sus hechizos!

Danessa colocó suavemente al petirrojo en la cama de rosas y acarició su cabeza emplumada.

–Todo va a ir bien –murmuró–, relájate.

–Lástima que Patter no esté aquí. Podría cantarle y calmarlo –dijo Sage frunciendo el ceño.

Danessa, Caper y Sprint la miraron sorprendidos. ¿No había oído el trino desafinado de Patter?

–¿En serio? –preguntó Danessa.

–Está bien –concedió Sage– tal vez no.
Esta vez cuando Sprint usó sus astas, trazó un surco en la hierba, y surgieron plantas curativas. Sage asintió, contenta:

–¡Otro excelente hechizo!
Danessa recogió las plantas cuidadosamente, las aplastó con los dedos, y las espolvoreó en el ala del petirrojo. Al poco rato, las plumas del pájaro comenzaron a aletear.

–¡Mira! ¡Está funcionando! –dijo Sage.
El petirrojo comenzó a agitar sus alas. Se puso de pie y comenzó a gorjear felizmente. ¡Se sentía mucho mejor! Entonces, el petirrojo se fue volando y desapareció. Una pluma roja flotó y aterrizó entre las astas de Sprint.

–Una hermosa pluma para la buena suerte –dijo Danessa. Y señaló a lo alto, hacia un árbol cercano donde el petirrojo se había posado en un nido–. Está en su hogar.

–Imagina poder volar –dijo Sage.

–Las aves son animales muy especiales

–apuntó Danessa–. Son muy diferentes de nosotros los mamíferos.

Sus ojos se agrandaron cuando se dio cuenta de qué había dicho. Había estado pensando como un mamífero buscando a Flap. Pero él era un pájaro.

–Nuevo plan –anunció Danessa–, no más búsqueda en el prado.

Todos los demás querían saber por qué.

Pero no hubo tiempo para explicaciones.

–¡Vamos, tenemos que apresurarnos! –les dijo Danessa, mientra se ponía a correr en una dirección diferente. Esperaba no llegar demasiado tarde. Sage se despidió del petirrojo con la mano:

–¡Cuídate, amiguito!

CAPÍTULO 16

UN VISTAZO AL PASADO

Felicity y Flick estaban buscando a Flap cerca del arroyo Babbling. Pero Felicity pensó que necesitaban ayuda y un poco de suerte.

–¿Puedes encontrar un trébol de cuatro hojas? –le preguntó a su mejor amiga. La zorrita se puso a trabajar de inmediato, usando sus patas para mirar a través de la hierba.

–Hmmm –murmuró Flick mientras recogía un trébol de tres hojas tras otro.

–¡Ah! –exclamó al fin. Y entregó el tesoro a Felicity.

–¡Gracias! –Felicity se colocó el trébol de cuatro hojas en la palma y suavemente lo sopló hacia el arroyo. El agua se arremolinó y el trébol desapareció. Pero Felicity miró hacia las profundidades del agua.

–¿Qué nos puedes decir de Patter y Flap? –preguntó.

Y la magia comenzó.

Flick observó como escenas de Junglewood se desplegaban en los remolinos del arroyo. Vieron a Patter leyendo un libro a Flap en una bonita terraza rodeada de orquídeas y otras flores exóticas. Vieron a Patter empujando a Flap en un columpio de cuerda. Los vieron jugando a pilla-pilla en el patio delantero de su casa. Los vieron sentados uno al lado del otro, viendo como el sol se ponía detrás de la exuberante jungla. El agua se arremolinaba en tonos verdes y azules. Felicity estaba empezando a entenderlo.

–Se ven tan felices –dijo a Flick–. Quieren mucho a su casa.

Flick asintió, señalando con su pata el arroyo. Aparecían más escenas. En la jungla, el cielo estaba

oscuro, lleno de nubes. El viento soplaba a través de los árboles. Una veleta en la parte superior de una casa giraba y giraba. Una gran ráfaga de viento tumbó un árbol, que se estrelló sobre la casa y la aplastó.

Patter huía de la casa con Flap. Los árboles caían por todas partes a su alrededor. Patter se aferraba con fuerza a Flap, pero una gran ráfaga de viento lo alejó.

–¡Pobre Flap! –dijeron Felicity y Flick.

Vieron como Patter corría tras su mejor amigo. El viento los estaba sacudiendo de una manera atroz. Flap aterrizó en las aguas rápidas del arroyo Babbling.

–¡Oh, no! –jadeó Felicity.

Flap se agarró a una rama flotante, pero la corriente se lo estaba llevando. Patter se zambulló en el arroyo para ir tras de él, pero no había manera de nadar de vuelta hasta la orilla. Las aguas eran muy bravas. Fueron barridos en los rápidos. Su casa desapareció detrás de ellos. Patter y Flap se agarraban firmemente en la rama. No había nada más que pudieran hacer.

Finalmente, cuando el arroyo alcanzó Wonderwood, comenzó a ensancharse y calmarse.

Entonces Patter y Flap pudieron nadar hasta la orilla. Estaban agotados.

Felicity negó con la cabeza.

–Qué horrible –dijo a Flick–. ¿Viste la mirada de Flap mientras flotaba alejándose de su casa?

Flick asintió. ¡Fue tan triste!

Felicity expresó su gratitud al arroyo por mostrarles lo que les había sucedido a sus nuevos amigos.

–Gracias, arroyo Babbling –dijo–, tus imágenes me han dado una idea.

Flick ladeó la cabeza, curiosa.

Pero no había tiempo que perder.

–¡Creo que sé dónde podría estar Flap! –anunció Felicity, mientras corría.

Flick estaba confundida pero correteó tras ella.

¡Tenían que encontrar al mejor amigo perdido!

CAPÍTULO 17

EN EL BOSQUE

Bree y Twist habían vuelto con Patter al lugar donde todos se habían encontrado por primera vez en el bosque. Tal vez Flap había regresado a la pila de hojas donde lo habían encontrado durante el juego del escondite.

Patter estaba preocupada.

–¡Flap! ¿Dónde estás? ¡Flap! –llamaba Twist.

Bree notó que su conejita estaba estudiando el terreno y se dio cuenta de lo que estaba haciendo.

–Muy bien –la felicitó–, tal vez halles una de sus plumas.

Patter estalló en lágrimas.

–Ooh, sus plumas –gritó–. Sus hermosas

plumas. Si algo le sucede a Flap, nunca me lo perdonaré.

–No digas eso, Patter –dijo Bree–, no es culpa tuya.

Pero Patter se sintió como si lo fuera.

–Debería haberlo escuchado más. No debería haber ignorado sus sentimientos. ¿Y si nunca lo encontramos? ¿Qué pasa si buscamos y buscamos en cada centímetro de Everwilde y no aparece? ¡No quiero ni pensarlo!

Patter estaba angustiada, y cuando estaba angustiada, graznaba. Bree y Twist intentaron evitar oírla cubriéndose las orejas. Pero no pudieron. El ruido era demasiado horrible.

–¡La-la-la-la-la-la-la! –Patter estaba cantando tan fuerte como le permitían sus pulmones.

Se puso a llorar.

–Debería haber prestado atención a lo triste que parecía. Daría cualquier cosa en el mundo por ver a Flap sonreír de nuevo.

Bree le dio un golpecito en la espalda, tratando

de consolarla. Y le preguntó a Patter si Flap solía sonreír. Patter asintió.

–Sí, mucho. Dejó de hacerlo cuando llegamos a Wonderwood –respondió Patter.

Se calló, parpadeaba. Se secó las lágrimas. Eso no era del todo cierto…

–Espera un minuto. ¡Semillas de frambuesa y mostaza!

Bree estaba confundida:

–¡Qué expresión más rara tienes!

–Lo dijiste –coincidió Twist.

–¡No! –Patter rió, contenta de repente–, ¡el helado! Flap sonrió cuando comió el helado de los pingüinos! ¡Creo que ya sé dónde está!

–¿En la camioneta de helados? –preguntó Bree.

–No –dijo Patter, pero no hubo tiempo para más explicaciones–. Vamos. ¡Sígueme!

Bree y Twist saltaban tan rápido como podían para mantener el ritmo de Patter mientras se adentraba más y más en la profundidad del bosque.

Mientras tanto, Danessa estaba corriendo por otra parte del bosque con Sprint saltando detrás de ella. Sage y Caper tenían dificultades para mantener el ritmo de Danessa.

–¡Disminuye la velocidad! –le rogó Sage–. ¿A dónde nos estás llevando?

–¡A Flap, espero! –contestó Danessa.

–¿Pero cómo sabes dónde está? –preguntó Sage sorprendida.

–Puedo sentirlo en mis astas –explicó Danessa.

Felicity y Flick también corrían por el bosque.

–¡Vamos a por ti, Flap! –gritó Felicity entre los árboles.

Flick entrecerró los ojos, decidida a encontrar al pavo real. El sol se estaba poniendo y el día se acercaba a su fin. El bosque se estaba volviendo cada vez más oscuro. ¿Encontrarían al pavo real? ¡Este juego del escondite no era nada divertido!

CAPÍTULO 18

DE REGRESO A CASA

Flap revoloteó de una rama a otra. Sus plumas estaban caídas. Estaba cansado, pero también decidido.

Regresaba a casa. Cruzó el arroyo Babbling y se detuvo a beber un poco. Estaba sediento. La corriente llevaba un trébol de cuatro hojas, y Flap lo observó mientras giraba y giraba. Allí, en el agua, podía ver todo lo que le había sucedido. Se vio con Patter cuando fueron barridos de su casa. La vio aplastada por el árbol. Vio los vientos salvajes de la tormenta. Y también los buenos tiempos pasados. Había perdido su patio, su columpio y su porche. Por encima de todo, echaba de menos a Patter. El agua se arremolinó y se oscureció. Flap vio a Patter buscándolo. Vio lo preocupada que estaba. Y a todas las demás chicas y sus mejores amigos buscándolo por el bosque. Estaba sorprendido. No pensaba que a nadie le importara nada de él. ¿Cómo podría regresar a su hogar de Junglewood sin Patter? Su hogar no sería su hogar sin ella. Dos mariposas bailaron en el arroyo y Flap las miró. En la otra orilla vio a dos conejitos jugando juntos. En los árboles, los pájaros gorjeaban abrazados en sus nidos mientras el sol empezaba a ponerse. Tal vez no fuera tan malo estar aquí después de todo. Tal vez no tenía que haberse ido. Tal vez podría quedarse durante un tiempo. Dio media vuelta y se dirigió hacia el pueblo de Wonderwood.

En la otra parte del bosque, los diferentes equipos de búsqueda se encontraron unos con otros.

–¡Qué bien encontraros aquí! –exclamó Sage.

–¿Has encontrado a Flap? –preguntó Patter ansiosamente.

Felicity negó con la cabeza:

–No, aún no. ¡Pero creo que está muy cerca!

–¡Yo también! –estuvo de acuerdo Danessa.

–¡Yo retambién! –intervino Bree.

–¡Yo requetetambién! –agregó Sage.

Patter miró a las chicas una a una.

–Creo que todas teníamos la misma idea. Todas sabemos a dónde se dirige Flap, ¿verdad?

–¡A Junglewood! –gritaron a la vez.

–A casa –corrigió Patter.

Flick jadeó.

–¡Uauauau! –gritó, atrayendo la atención de todo el mundo. Sostenía una pluma de pavo real. Sage la olfateó un par de veces.

–Perfume –anunció, como un detective–. Y pastel de zanahoria. Y el aroma persistente de la nostalgia.

–¿Puedes oler la nostalgia? –preguntó Patter.

Sage se encogió de hombros:

–No es tan difícil.

–Debe de estar muy cerca –captó Felicity.

Y fue así. Una sombra emergió entre los árboles. La sombra se parecía a un pavo real. ¡Era un pavo real! Era Flap. Patter corrió hacia él y él voló hacia ella. Se juntaron en un gran abrazo de brazos y alas.

–¡Oh, Flap! –gritó Patter–. ¡Estoy tan contenta, te encontramos! ¡Me tenías muy preocupada! ¡A todas nosotras!

Todo el mundo estaba emocionado. Bree y Twist movieron sus colas, Sage y Caper hicieron saltos mortales, y Sprint tomó la pluma del petirrojo de sus cuernos y lo agitó alrededor.

–¡Hurra! ¡Yuppee! ¡Hurra!

–Te ibas a casa, ¿verdad? –le preguntó Patter a Flap.

Flap asintió. Pero Patter acababa de darse cuenta de algo. Estaba confundida:

–Pero te estabas dirigiendo a Wonderwood.

Flap sonrió. Le dijo que había cambiado de opinión.

–No lo entiendo –dijo Patter.

–Flap y Patter. Patter y Flap –dijo Flap feliz.

La chica adivinó lo que le estaba diciendo, siempre lo hacía. Nosotros debemos estar juntos.

Patter se enjugó las lágrimas de los ojos.

Por supuesto que sí. Patter lo sabía:

–Siempre que tú y yo estemos juntos, estaremos en casa. No importa dónde estemos.

–Porque tu hogar está donde está tu mejor amigo –añadió Danessa y le dio unas palmaditas a Sprint.

Todavía había algo que Patter tenía que decir a Flap.

–Lo siento mucho –se disculpó Patter–. Supongo que quedé atrapada por este nuevo lugar tan emocionante y no pensé en tus sentimientos. ¿Me perdonarás alguna vez?

Flap dejó escapar un largo y alegre graznido.

Por supuesto que lo haría.

–¡Bien! –dijeron todos.

–¡Abrazo cosquillero! –dijo Sage abrazando a Patter y Flap. Y todos se unieron al abrazo, contentos y riendo felices.

–Gracias por vuestra ayuda –dijo Patter.

Felicity inspiró profundamente. Había estado pensando en algo:

–Bueno –anunció– ¡vosotros dos, mientras estéis juntos, siempre tendréis un hogar, pero todavía necesitáis una casa!

Patter y Flap se miraron el uno al otro, confusos.

Pero Felicity tenía un plan. Un excelente plan.

Los condujo a todos a la derruída casa de las afueras del pueblo.

–De acuerdo –admitió–, no es exactamente el lugar más encantador de Wonderwood.

Una teja rota cayó en el porche. Patter y Flap parecían inseguros. Pero Felicity sabía que el trabajo en equipo podría hacer realidad cualquier cosa.

–Cuando terminemos… –dijo Felicity.

–¡Será vuestro! –dijo Danessa.

–Especialmente para vosotros y vuestras necesidades –dijo Bree.

–Un hogar perfecto para nuestros nuevos

amigos –les dijo Danessa–, entonces ¿qué decís?

–¿Os quedaréis con nosotras? –preguntó Sage.

–¿Haréis de Wonderwood vuestro nuevo hogar –rogó Felicity, sonriendo.

Patter se volvió hacia su mejor amigo.

–Solo haré lo que quiera Flap. Podemos regresar a Junglewood si le apetece, reconstruir nuestra casa y recuperar nuestra vida allí. . .

Flap se frotó el pico con el ala, pensativo.

–¿Quizás Wonderwood es un lugar donde podrías ser feliz? –le preguntó Patter–. ¿Un lugar al que podrías llamar hogar?

Flap abrió su pico para hablar, luego lo cerró y esperó. Era una gran decisión, después de todo. Y lo que lo ayudó a tomarla fueron las caras sonrientes del grupo Enchantimals.

Todas eran tan amables y serviciales.

–Chip, chip, ¡chiree! –anunció Flap.

¡SÍ! Una gran sonrisa se extendió por su rostro.

Patter estaba emocionada.

–¡Definitivamente, queremos llamar

Wonderwood a nuestro hogar!

Todos aplaudieron y el ruido causó que otra parte de la casa se derrumbara.

–En lo que respecta a esta casa, sin embargo, no estoy tan segura –bromeó Patter.

Todos rieron.

¡Tenían mucho trabajo por hacer, pero estaban a punto!

CAPÍTULO 19

EL BIG BLOOM

Felicity corrió hasta su techo. Usó una flor de trompeta para proyectar su voz y dijo:

–¡Atención, todos los Enchantimals y amigos! ¡Hemos encontrado a Flap el pavo real!

Un rugido de felicidad se extendió a través del pueblo. Preena y Jayla se frotaron los picos. Bren and Snore hicieron chocar sus patas.

–Invitamos a todos a nuestra fiesta después de que ayudemos a construir una casa para dos amigos muy especiales –continuó Felicity.

–Queremos dar la bienvenida a nuestros nuevos vecinos al pueblo de Wonderwood. ¡Será la más florida celebración de Big Bloom!

Pero antes tenían que reparar una casa.
Todo el mundo ayudó. Los petirrojos llevaban herramientas en sus picos, las tortugas, latas de pintura en equilibrio en sus espaldas, y los pingüinos contentaron a todos con sus helados.
Toda la casa comenzó a verse tan hermosa como un pavo real. Bree plantó arbustos de bayas en el patio delantero. También hizo una veleta y Patter voló hasta el techo y la fijó en una de las torretas.
Era un pavo real, y era como la que tenían en Junglewood. Eso hizo que Flap sonriera.
Sage pintó el interior de la casa de un hermoso tono de lavanda. Danessa trajo jarrones y los llenó con hojas y ramas. Felicity colgó cortinas de color verde y blanco en las ventanas. Bree llenó la cocina con deliciosa comida de su jardín, asegurándose de incluir una caja de frambuesas y un tarro de semillas de mostaza. Cuando toda la casa estuvo a punto, Danessa colocó una pila de almohadas en la parte inferior de la escalera.
¡Era hora de deslizarse por la barandilla!

Pero no había mucho tiempo para tonterías.
Tenían que celebrar el Big Bloom y se dirigieron al patio delantero de Patter y Flap.
Había mesas cubiertas de pasteles de zanahoria.
Bonitas linternas de papel fueron tendidas de árbol a árbol. Sage estaba tocando una guitarra. Un trío de grillos la acompañó.
Patter se volvió hacia Flap.

–¿Qué es lo que piensas? –le preguntó.

–¡Me-me-me GUSTA! –respondió Flap.

Y todos aplaudieron.

–A Flap y a mi nos gustaría agradeceros desde el fondo de nuestros corazones vuestra consideración y vuestra generosidad.
No solo sois amigos, ¡sois nuestra familia! Voy a parar ahora, porque si continúo, me pondré aun más nerviosa y tendré que cantar. ¡Y todos sabéis que tengo una voz terrible!
Pero entonces Flap extendió las plumas de la cola y abrió su pico y ¡se puso a cantar! Nadie podía creer lo que estaban escuchando.

El pavo real estaba cantando, y su voz, a diferencia de la de Patter, ¡era increíble! Cuando acabó todos rompieron a aplaudir. Entonces, comenzó el baile. Twist golpeó con sus patas y Caper agitó la cola. Flick giró sus orejas y Sprint golpeó con sus cascos. Al observarlos, Flap no lo pudo resistir.

¡También quería bailar! Extendió sus plumas y se puso a saltar. ¡Las luciérnagas se posaron en sus largas plumas y las hicieron brillar! Nunca había estado tan contento. Tenía amigos y por fin estaba en casa.

Patter tampoco se pudo resistir.

–¡La-la-la-la-LAAAA! –graznaba Patter.

¡Todos se taparon los oídos!

La luna ya estaba en el cielo. Las estrellas estaban titilando. Patter y Flap iban a hacer que todo en Wonderwood fuera más colorido.

¡Mucho más colorido!

¡Las aventuras de los Enchantimals acababan de empezar!